D1735148

Heinz Weidkuhn

Gereimtes Ungereimtes

Zeitkritische Verse

Originalausgabe 2013
Copyright © 2013 by Heinz Weidkuhn
Copyright © 2013 by IL-Verlag (ILV), Basel
Titelbild: Moderne Kunst in Meister-Holzschnitten, XII. Band, Berlin
W., wahrscheinlich vor 1900.
Umschlagentwurf: H. Weidkuhn, Ulinne-Coverdesign, Neuenkirchen
Satz: Heinz Weidkuhn, F. Frey
ISBN: 978-3-905955-88-0

Heinz Weidkuhn

Gereimtes Ungereimtes
Zeitkritische Verse

Es läuft nicht immer alles rund,
nicht beim Kanton und nicht beim Bund.
Auch die Wirtschaft oft vergisst
was gut und verträglich ist.
Sogar das private Leben
ist von Fragen oft umgeben.

Deshalb braucht's Schriften grad wie diese
zum Helfen bei der Analyse,
denn die Hoffnung bleibt bestehen,
dass bald Bess'res wird geschehen.

Inhalt

Der Folgeteil spricht von den Tieren,
denjenigen auf allen Vieren.

Lifestyle liegt als Nächstes drin,
was nicht out ist, das ist in.

Lokales hält uns noch im Schuss,
bevor wir kommen bald zum Schluss.

Vorwort

Von der Seele hab' ich mir
geschrieben diese Zeilen hier.

Es gibt Politisches, Lokales,
Tierisches und Nationales,
dazu kommt noch der Verkehr
und Verschied'nes andre mehr.

Auch ein bisschen Nostalgie
ist mit von unserer Partie,
denn mit meistens alten Bildern
wird ergänzt, was wir hier schildern.

Ich freue mich, wenn diese Zeilen
den Hirnströmen zu Hilfe eilen.

Wirtschaftlich-politisches

ABC

Nächstenliebe

*Man sollte, neben Wirtschaftsfragen,
auch Menschliches im Kopfe haben.*

Wirtschafts-politisches Alphabet

A   Anders denken darf ja nicht,
wer ist auf ein Amt erpicht.

B   Banken sind Großinstitute,
mit Politik in ihrer Knute.
*(ein Banker sagte sehr empört:
„Nein, es ist grad umgekehrt!")*

C   Caesar regierte unsre Welt,
heute ist es meistens Geld.

D   Drachmen sind nicht sehr beliebt,
weil es sie gar nicht mehr gibt.
*(Je nachdem, wie's weiter geht,
wird das Sprüchlein umgedreht:
Drachmen sind nicht sehr beliebt,
obschon es sie frisch wieder gibt.)*

E   Elefanten haben Rüssel,
sie wiegen weniger als Brüssel.

F   Finanzen geben an den Ton,
sofern man hat genug davon.

G   Gesetze gibt es schon so viele,
dass sie verfehlen ihre Ziele.

H   Hörner haben alle Stiere
und viele andre hohen Tiere.

I   Die Schweiz spielt Insel in Europa,
die EG kümmert das kein Jota.

J   Politik ist wie ein Poker,
in dem es gibt mehrere Joker.

K   Die Kanzler haben sehr viel Macht,
drum werden sie gut überwacht.

L   Lügen haben kurze Beine,
so lässt man sie gern von der Leine.

M Macht ist glasklar definiert:
 Wer sie hat, der profitiert.

N Notenbanken, heißt es gängig,
 sind nicht von Politik abhängig.

O Die Obligation ist ein Papier,
 das heute kaum Ertrag bringt dir.

P Politiker versprechen viel,
 gewählt zu werden ist ihr Ziel.

Q Die Quantität vielfach entscheidet,
 worunter Qualität oft leidet.

R Rückstellungen sollt' man machen,
 statt stets zu kaufen neue Sachen.

S Stagnation ist nicht beliebt,
 weil sie stets den Ausblick trübt.

T Trusts sich oft damit befassen,
 den Kleinen die Luft abzulassen.

U Umsatz groß, Gewinn nicht so,
 das verdrießt den CEO.

V Niemand macht gerne Verlust,
 denn das führt zu großem Frust.

W Wirtschaftlichkeit ist angesagt,
 doch wird sie selten hinterfragt.

X   X-tausend Leute auf der Welt
hausen heut in einem Zelt.

Y   Der Yuan ist im Ganzen stark,
das trifft den Yen bis in das Mark.

Z   Der Zins wird nicht so gern beglichen,
doch gern von andern eingestrichen.

*Aufgebraucht sind die Buchstaben,
sodass wir hier zu enden haben.*

Nächstenliebe

Wenn dich ein Wirtschaftsproblem quält,
vergiss nicht, dass auch andres zählt,
zu Beispiel, dass wir uns stets üben,
den Menschen neben uns zu lieben.

Gesetze

Vorschriften

Politik

Leider befindet sich bereits
auf dem Niedergang die Schweiz,
denn unsere Gesetzesdichte
macht Demokratie zunichte.

Der Gang des Gesetzes

Hier zeigen wir, wie es so geht,
wenn wieder ein Gesetz entsteht.
Zuerst ist da eine Idee,
oder Druck aus der EG.[1]

Während Wirtschaftslobbyisten
sich im Bundeshaus einnisten
und Juristen raten Räten,
wie sie am besten raten täten,

kommen die Parteien dran,
fügen dies und jenes an,

---

[1] EG = Europäische Gemeinschaft

sie entfernen, ändern ab,
und tragen die Essenz zu Grab.

Bei Initiativen ist's noch schlimmer,
sie werden ja so gut wie immer
vom Parlament so abgeschwächt,
dass es dem Bürger fast wird schlecht.

Wenn das Gesetz dann endlich steht,
um dessen Ausführung es geht.
Juristen feilen tagelang,
und zeigen so, wo es geht lang. [2]

Es sind die Funktionäre schließlich,
die, für das Volk oft sehr verdrießlich,
im Detail sagen, was ist recht
für das menschliche Geschlecht.

So wandelt sich Demokratie
in Gesetzespandemie,
und Solidaritätsgefühle
verschwinden im Politgewühle.

Wie traurig wäre Winkelried,
wüsste er, was heut geschieht!

---

[2] Die Ausführungsbestimmungen zu einem Gesetz bestehen oft aus einer
administrationsinternen Auslegung des Gesetzestextes, die wichtiger wird
als das Gesetz selbst.

Alte Verordnungen

Verordnungen gibt's eine Menge,
es herrscht ein richtiges Gedränge.
Es gab auch früher schon davon,
jedoch in mäßiger Portion.

Zur Beachtung.

Auszug aus der revidierten Verordnung über Abhaltung von Viehausstellungen.

(Revidiert am 2. Juni 1892.)

Art. 15.

Die Besitzer von in I. und II. Klasse prämierten Zuchtstieren sind verpflichtet, die ihnen zuzustellenden Belegscheinhefte genau zu führen und den Besitzern der zu ihren Stieren geführten weiblichen Zuchttieren Belegscheine auszustellen.

Art. 16.

Der Eigentümer eines prämierten Zuchtstieres hat bis Ende des Monats Mai des Ausstellungsjahres einen amtlichen Ausweis seines Gemeindevorstandes an die Standeskanzlei einzusenden, dass der Zuchstier, wenn er 1½jährig ist, während der Zeit vom 15. Januar bis 15. Mai, wenn älter, wenigstens bis 15. April zur allgemeinen Benutzung immerhin in unschädlichem Masse und gegen ein Sprunggeld, welches Fr. 3. — nicht übersteigen darf, zur Verfügung gehalten wurde, sowie dass der Erfolg die Zeugungsfähigkeit dargethan hat.

Die Zeugungskraft von einem Stier
ist äußerst wichtig für das Tier,
denn wenn er nicht genügend springt,
man ihn bald zum Metzger bringt.

Der Neunzigjährige ist froh,
dass es bei ihm nicht auch ist so.

16

Vorschrifteninflation 1

Aus Ostdeutschland, ein Handwerksmann
kam in unsrer Wohnung an.
Ich fragte ihn ganz unverblümt:
„Euer Land ist recht berühmt

für seine Großbürokratie.
Da nähm' es mich doch Wunder, wie
Sie die Sache sehen hier?"
Er sagte: „Es ist so, dass ihr

seid in Detailfragen kleinlich,
manchmal ist es richtig peinlich.
Es erschwert uns die Arbeit
und frisst eine Menge Zeit."

Tatsächlich sind wir pingelig,
die Vorschriften sind winkelig
und im Übrigen so dicht,
dass niemand hat die Übersicht.

Doch es wird weiter produziert,
stets aufs Detail konzentriert,
statt einen Rahmen sich zu stecken
und global nur abzudecken.

Politiker wie auch Beamte
haben Angst in ihrem Amte,
denn selbst vernünftig zu entscheiden,
wollen tunlichst sie vermeiden.

Man hat als Ziel Gerechtigkeit,
de facto ist es Ängstlichkeit:
Keiner ist verantwortlich,
im Papier versteckt man sich.

Doch recht viele Chefbeamte
amten stolz in ihrem Amte:
Wenn einen Beschluss sie fassen,
sie ihn gerne drucken lassen.

So entstehen Vorschriftsbände,
die anfüllen Bücherwände,
in der Hoffnung, ohne Grund,
unser Land bleib' so gesund.

Dass man sein kann tolerant,
ist weitgehend unbekannt.
Zudem bewirkt dieser Salat
Misstrauen gegen unsern Staat.

So gleicht die moderne Schweiz
dem Emmentaler Käs' bereits,
und in jedem Loch, da hockt
ein Paragraph, der uns abzockt.

Statt für viel Geschriebenes
stimm' ich für mehr Gediegenes.

Vorschrifteninflation 2

Zum wuchernden Abzockerpilz
gehört auch der Vorschriftenfilz.
Mit seinem rationalen Schein
greift er in unser Leben ein.

Tiere halten solitär
geht beispielsweise gar nicht mehr.
Überhaupt ist nichts erlaubt,
was dem Tier Gesellschaft raubt.

„Ach", ruft aus die kleine Maus,
„Ich halte es allein nicht aus!"

Meerschweinchen, Mäuse und auch Ratten
müssen heraus aus kleinen Kratten,
und gruppenweise, samt Gelegen,
leben in größeren Gehegen.

Das tönt ja gar nicht unvernünftig,
doch die Gefahr besteht, dass künftig
es wird auch verboten sein,
zu leben als ein Mensch allein.

So wird es die Witfrau spüren,
wenn sie nicht mehr will erküren
einen neuen Freund als Mann
und rechtmäßigen Gespan.

Erschrocken sagt die Polizistin:
„Sie sind ja heimliche Solistin!"

Wenn sie alleine weiter lebt,
der Staat ihr eine Buße klebt,
doch wird diese etwas kleiner,
wenn sie kauft ein paar Vierbeiner.

Dann sind die Vorschriften erfüllt
vom amtlichen Familienbild.
(Persönlich rat ich ihr zu Kindern,
oder zum Kauf von zwei, drei Rindern.)

Das sei absurd, denkt ihr vielleicht,
doch nehmt die Verse nicht zu leicht,
Vorschriften wuchern ganz enorm
in heut noch unerkannter Form.

Meinen Ratschlag, etwas wild,
sieht man sehr schön im nächsten Bild.

Was Perseus tat der Medusa,
wär' gut für die Helvetia,
und den Vorschriftsschlangenkopf
begrübe man im Urnentopf.

Das alte Bienenhaus

Ein Lied für die Gebäudeversicherungsanstalt Graubünden (2012)

In Safien steht ein Bienenhaus,
das sah recht vergammelt aus,
denn sein Blechdach war nicht schön
und klapperte im starken Föhn.

Statt Blech sollen jetzt Schindeln zieren
das Dach, worauf es wird verlieren
seine alte Hässlichkeit
und wandeln sich in Freundlichkeit.

Doch von unsrer GVA[3]
stand plötzlich ein Beamter da
und sagte: „Ohne Blitzableiter
dürfen Sie nicht bauen weiter."

Eine Einsprache nichts nützt,
obschon das Häuschen ist geschützt
von Stall und Haus und Bäumen,
die es sorglich ringsum säumen.

Ein Blechdach zieht den Blitz mehr an
als eines, wo nur Schindeln dran.
Und sollte der Blitz doch einschlagen,
käm' niemand zu armen Tagen.

Die Kosten für den Blitzesschutz
sind weit über tausend Stutz.

---

[3] GVA: Gebäudeversicherungsanstalt.

Das interessiert Beamte nicht,
sie haben keine Zahlungspflicht.

Da seht ihr nur, wie furchtbar dumm
unser Staat geht mit uns um,
wie er verwechselt Wirklichkeit
mit Vorschriftenseligkeit.

Um es zu sagen klar in Kürze:
Solche Staatsjuristenfürze
entfremden unsern Staat vom Bürger,
der ihn, statt Helfer, sieht als Würger.[4]

Freundlich, Holz und Schnee verbirgt,
was die Vorschrift hat erwirkt.
Ob der Blitz, vom Schnee erschreckt,
den Ableiter noch entdeckt?

---

[4] Das gemahnt an H. Thoreau / der dachte nämlich auch schon so.
  (David Henry Thoreau war ein Staatskritiker in den USA des 19. Jahrhunderts.)

Der Pumpspeicher an der Grimsel

Unser Stromverbrauch wird klettern,
sagen die Elektro-Vettern,
da lassen wir uns gar nicht lumpen,
wir wollen einen See zum Pumpen.

Die Erhöhung der Staumauer
soll erhöh'n die Speicherdauer
und die Turbinen aktivieren,
mehr Winterstrom zu produzieren.

Dabei ersäuft man Arvenwälder,
Hochmoore und Blumenfelder,
denn dreiundzwanzig Höhenmeter
ändern stark das Perimeter.

Man will pumpen atomar
statt mit Windkraft und solar.

Doch die Gesellschaft KBO[5]
findet es in Ordnung so.

Auch die Grossräte in Bern
sehen diesen Ausbau gern,[6]
denn sie könnten ja verlieren
wenn sie jetzt nicht profitieren.

So stellt man Energiegewinnung
über die Vernunftgesinnung,
und spielt auch mit dem Atomofen
wie mit dem Feuer kleine Gofen.

Wie andern-
orts, so gilt
auch hier:
Natur muss weichen unsrer Gier.

---

[5] KBO: Kraftwerke Berner Oberland.

[6] Am 5. September 2012 stimmte der Berner Grosse Rat mit
überwältigendem Mehr für den Höherstau (Konzessionserteilung).

Wachstum

Unser Wirtschaftswachstumsfimmel
reicht von der Erde bis zum Himmel.
Doch uns're Erde, die ist endlich,
für viele ist das unverständlich.

Man kann das Erdenleben lieben,
ohne dass man fischt im Trüben.
Vielleicht man auch ans Ende denkt,
wo jemand ganz anders lenkt.

Verkehrter

Verkehr

Herr Müller quert die Straß' bei Rot
und seither ist er leider tot.

Tunnel- und Straßenbau

Bei uns, in der letzten Zeit,
macht sich eine Krankheit breit:
Die Straßen/Tunnelhysterie,
denn man baut so viel wie nie.

Nur Wenigen kommt in den Sinn,
dass das Hauptproblem liegt in
der Zunahme im Verkehr,
der überhaupt nicht nötig wär.

Manche Leute gar nicht ahnen,
wie dicht das Netz ist unsrer Bahnen.

Vierzig Prozent von allen Fahrten
fallen in die Freizeitsparten,
und etwa sechzig andre fallen,
auf die, welche zur Arbeit wallen. [7]

Der Postchauffeur freut sich mit dir
über jeden Passagier.

Wenn man nah beisammen wohnt
in einem Umland, wo sich lohnt,
sonntags gemütlich zu spazieren,
könnt' man die Fahrten fast halbieren.

---

[7] Die 60 % beinhalten neben dem Berufsverkehr u.a. auch die Lieferungen
auf der Strasse (Erhebung 2012).

Wenn weder Bahn noch Bus sind dort,
wohnst du vielleicht am falschen Ort.

Dieser Text wird wohl nicht allen
auf Anhieb gleich sehr gut gefallen,
doch nehmt's als einen Denkanstoß,
die Ersparnis wäre groß.

Hast du im Keller ein Velo?
Dann hol es, aber subito!

O. Marcus. Opernsänger Julius Lieban und seine Gattin Helene Globig.

Des Fernfahrers Lied

Seit dreißig Jahren fahr ich fern
und tue es noch immer gern.
Die Hektik, die steigt ständig an,
doch man gewöhnt sich bald daran.

Ob A2 oder A3,
das ist mir ganz einerlei.
Hauptsache, dass ich fahren kann
und kein Stau mich hindert dran.

Ich fahre auf der rechten Spur,
selten überhol' ich nur,
denn bei richtigem Gebaren
dürfte ich nur 80 fahren.

Manchmal aber fahr' ich mehr,
da die Ladung eilt so sehr.
Ein Gerät mich informiert,
wo ein Blitz ist installiert.

Wenn dann so ein AHVler
vor mir herschleicht wie ein fauler
Sack, dann schnapp ich ihn
und schwenk' im Bogen vor ihn hin.

Nach Süden dauert es oft lange
wegen der Gottardo-Schlange,
doch wenn ich in Italien bin,
ist die schlechte Laune hin.

Noch gleichentags kehr' ich zurück,
wenigstens ein kleines Stück.
Ich fahre schnell, damit noch frisch
mein Gemüs' kommt auf den Tisch.

So fahr ich hin, so fahr ich her,
aufzuhören fiel' mir schwer.
Was ich tu', wenn pensioniert,
hab' ich noch nicht ausstudiert.

Neben der A1

Wer am Rand der A1 geht,
plötzlich die Brutalität
des Motorverkehrs versteht.

Da pfeifen die Reifen
auf allen Fahrstreifen,
die Lastwagen rattern,
Motorräder knattern.

Es hängt in der Luft
ein schmieriger Duft,
gesättigt mit Gasen
von denen, die rasen.

Die Büsche sich schütteln,
im Fahrtwind sie rütteln,
bis in der Nacht
die Ruhe erwacht.

Am Morgen, wenn's dämmert,
es schon wieder hämmert,
die Laster erwachen
mit Fauchen und Krachen.

Die Nacht ist vorbei,
und es beginnt neu,
zu donnern und sausen,
zu zischen und brausen.

Den lieblangen Tag
folgt Schlag auf Schlag
das laute Geheule
von denen in Eile.

Wer am Rand der A1 geht,
plötzlich die Brutalität
des Motorverkehrs versteht.

Autobahnschlangen

Zu fahren in so einer Schlange
macht manchem manchmal Angst und Bange.
Es ist nicht weit,
doch es braucht Zeit,
die Fahrt ins Büro dauert lange.

Wenn abends die Schlange heim fährt,
dann ist der Verkehr umgekehrt.
Wieder es staut
dort, wo man baut,
die Freizeit ist nicht mehr viel wert.

*Man kann halt die Autoschlangen
nicht wie echte Schlangen fangen.*

Es gibt auch die schnellen Gesellen,
unterstellend, sie seien die Hellen.
Mit großer Wonne
an der Kolonne
zickzacken vorbei sie in Wellen.

Wenn sie auf der A3 her flitzen,
es blitzt, und sie Limiten ritzen,
über das Maß,
kann es sein, dass
sie bald einmal anderswo sitzen.

Der Weise aber, unbefangen,
frei von innen, ohne Bangen,
spürt das wachsende Verlangen,
ein neues Leben anzufangen,
um die Gewissheit zu erlangen,
dass ihn die Schlangen nicht belangen.

Die vierte Röhre

Man diskutiert wie nie zuvor
um ein zweites Straßenrohr,
das Deutschland verbinden soll
in Chiasso mit dem Zoll.

*Zwei Stunden Wartezeit im Stau
reicht für ein Küsschen mit der Frau.*

„Sicherheit im Vordergrund,"
sagen Bundesräte, und
sie versprechen noch dabei,
dass eine Spur bleibt immer frei.[8]

---

[8] Der Bundesrat will gesetzlich festlegen, dass in den richtungsgetrennten
Tunnels nur je eine Spur befahren werden darf (Aussage von Bundesrätin
Doris Leuthard, bestätigt vom Gesamtbundesrat im Dezember 2012).

Das Tunnelprojekt ist zu kühn
für Leute, die gern denken grün.

Falls gebaut wird, dann ist diese
Einspurigkeit keine Devise.
Wenn zwei Spuren existieren,
kann man eine nicht blockieren.

Die Autolobby findet's toll,
lacht sich jetzt schon den Buckel voll.

Noch steht alles in den Sternen,
ob in nahen oder fernen,
wird sich zeigen, sobald dann
das Volk selbst abstimmen kann.

Wir wünschen allen Urnengängern,
dass sie nicht glauben Stimmenfängern!

PS Fast hätt' vergessen ich zu sagen:
Auch die Bahn kann Lasten tragen.
Falls die Sicherheit so wichtig,
wär' die Wahl der Bahn schon richtig.

Geniestreich

Dass sich die Konjunktur abschwächt,
ist für die Bundesbahnen schlecht.
Da die Kundenzahlen sinken,
noch mehr rote Zahlen winken. [9]

So beschließt man, klug und weise,
zu erhöh'n die Billetpreise.
Dabei wurde nicht kalkuliert,
dass noch mehr Kundschaft wegspaziert.

So geht es halt, wenn wir im Ganzen
zu sehr schauen auf Finanzen
und nur die Geschäfte lenken,
statt an Menschen auch zu denken.

Abb. 26 Die 1 Bo 1 Bo 1 + 1 Bo 1 Bo 1 - Gotthardlokomotive der Serie Ae 8/14.
Nr. 11852, die stärkste Lokomotive der Welt, erbaut 1939.

PS Nicht alles jedoch ist so schlecht,
die SBB macht vieles recht,
zum Beispiel ist der Taktfahrplan
ein großes Plus für unsre Bahn.

---

[9] Im letzten Jahr sind die Passagierzahlen leicht gesunken.

Lokalbahnen

Dreihundert Bahnen gibt's lokal,
mit Leuten fahren sie durchs Tal.
Obwohl sie hin und her kutschieren:
Viele davon nicht rentieren. [10]

Lieber Bund, so zahl mir bitte
meine großen Defizite.

Das Bundesamt für den Verkehr
sagt, die Kassen seien leer,
und es will künftig wacker sparen
bei Bahnen, die Verlust einfahren.

Sparen bis zum geht nicht mehr
gilt auch für den Bahnverkehr.

Ob das klug sei, wird sich weisen,
denn die Fahrt auf den Geleisen
ist umweltfreundlich und führt nicht
zu den Staus am roten Licht.

Ich möchte jetzt zu Kind und Frau
und steck' schon wieder in dem Stau!

Der Zersiedelung der Schweiz
würd' man nehmen ihren Reiz,
wenn man festlegt im Gesetz:
Neubauten nur noch beim Bahnnetz.

So hätten wir gelöst bequem
das Zersiedelungsproblem.

---

[10] 175 von den 300 Regionalbahnen erreichen den (gewünschten)
Deckungsgrad von 50% nicht. Das BAV will deren Umstellung auf
Busbetrieb prüfen (Stand Oktober 2012).

Die weit're Folge davon wär,
dass auf der Straße der Verkehr
nicht mehr so schnell zusammenbricht,
und es gäb' mehr grünes Licht.

Der ganze Autobahnbauwahn
würd' angehalten von der Bahn.

Das Bähnchen froh und freudig pfeift,
wenn das Projekt ist ausgereift.

PS   In England und im Frankenreiche
hat man längst getan das Gleiche:
Nebenbahnen abgebaut,
worauf sich's auf der Straße staut.

Laute Landung

Wenn du, zu zweit oder allein,
gemächlich bummelst am Hochrhein
und dein Blick nach oben schweift,
wo er den Wolkenhimmel streift,
siehst du vielleicht, in einem Zug,
einen Vogelschwarm im Flug.

Doch von diesem abgehoben,
meistens etwas weiter oben,
fliegt ein donnerndes Gebilde,
das nicht gehört zur Vogelgilde.
Rasch naht es sich mit lautem Lärmen,
ganz anders als bei Vogelschwärmen.

Deinem Freund schreist du ins Ohr:
„Das kommt mir wie ein Airbus vor."
Wahrscheinlich landet er in Kloten,
was vorderhand nicht ist verboten,
wo er dann andocken will
und am Ende steht ganz still.

Jetzt endlich ist Schluss mit dem Lärm,
der manchem schüttelt das Gedärm,
der unter einer Schneise haust,
die von Fliegern überbraust.
Herr Schweizer sagt: „ Jetzt reicht es mir",
schließt schleunigst Fenster und auch Tür.

Er stopft sich Watte ins Gehör,
flucht und wettert noch viel mehr,
während er die Koffern rüstet,
mit allem, was ihn so gelüstet,
mitzunehmen an den Strand
der Südseeinsel mit viel Sand.

Fahrt ins Grüne

Da gibt es so manches Gefährt,
das still und ganz leise verkehrt.
Auch ohne Motor
und ohne Rotor
es freundlich zu seinem Ziel fährt.

Wir zeigen hier, was billig ist,
weil es keinen Treibstoff frisst.

Tiere

... und ihre Halter

Haustiere sind ja lieb und nett,
doch nimm sie lieber nicht ins Bett.

Abgezocktes Hornvieh

Früher hatten Kühe Hörner,
und fraßen keine Soja-Körner,
importiert aus Übersee,
sondern Schweizer Heu und Klee.

Viele waren angebunden,
da haben Tierschützer gefunden,
das sei für die Tiere schlecht
und überhaupt nicht artgerecht.

Jetzt hält man sie in off'nen Stäl-
len,
vermeidet es, sie in Gestellen
anzuketten, und dabei,
fühlten sich die Tiere frei.

Tatsächlich macht die Mutterkuh
hie und da ein freudig „Muh",
wenn sie dem Kalb zu trinken gibt,
wo und wann es ihm beliebt.

Doch die hehren Mutterfreuden
enden in abruptem Leiden,
wenn ihr Kind wird fortgebracht
und Kalbsbratwurst daraus gemacht.

Wanderer, pass auf, wenn du
ein Kalb siehst mit einer Kuh,
geh nicht zu nah, sie stößt dich nieder,
und du erwachst im Spital wieder!

Im Laufstall gibt es etwa Streit,
es herrscht nicht immer Einigkeit,
deshalb die Hörner man abschneidet,
damit beim Streit das Fell nicht leidet.

Ist es nicht gegen die Natur,
dass man künstlich besamet nur
und verzichtet auf den Stier,
der seinen Kühen gab Pläsir?

*   *   *

Viel tausend Jahre sind vergangen,
seit man Wildkühe hat gefangen
und sie hat domestiziert
und in Ställen einlogiert.

Rasch ändert jedoch die Beziehung,
wenn man die alte Tiererziehung
nicht mehr achtet, und das nur,
weil sie nicht passe zur Natur.

Doch wie ist das mit den Hörnern,
mit dem Stier, den Soja-Körnern? [11]
Ist das etwa artgerecht?
Wenn du so denkst, dann denkst du schlecht!

Aber, wieder einmal mehr,
kommt Wirtschaftlichkeit daher!
Es ist die Rationalität,
die echtem Schutz im Wege steht.

Macht wie ihr wollt, doch prahlet nicht
mit einem Tierschutz, der nicht sticht.

---

[11] Der Sojabohnen-Siegeszug
ist alles andere als klug,
denn viele Sojabohnenfelder
verdrängen Regenwald-Urwälder.

Warum der Bauer Soja verfüttert

Ein älterer Bauer aus Neuen-
burg war gerade am Heuen.
Das Wetter war nass,
er konnt', ohne Spaß,
sich von neuem am Heuen nicht freuen.

Da kam seine Frau, sie hiess Liese,
herbei auf der quietschnassen Wiese.
Er sagte: „Schau, Frau,
das Heu ist ganz grau.
Qualität wie diese ist miese."

Die Lies auf der Wies sagt: „Mein Lieber,
das Heu ist wirklich hinüber,
du kannst es vergessen,
dass Kühe es fressen,
Komm, schaufeln wir Sojamehl rüber."

So fressen die Kühe im Streu
Sojawürfel statt Heu.
Sie wissen halt nicht,
dass dieses Gericht
den Regenwald schädigt aufs Neu.

Abgase

Heute sind Benzinmotoren
verseh'n mit Katalysatoren,
doch fallen Gase aus Methan
bei Kühen ungefiltert an.

Lache bitte nicht verächtlich,
ihre Menge ist beträchtlich,
und das Gas aus Kuhgedärmen
hilft, die Erde zu erwärmen.

Um die Umwelt mehr zu schonen,
isst man häufig Sojabohnen,
doch die Sojabohnenschwemme
bringt Regenwälder in die Klemme.

So ist für gute Lebensweise
Gemüs' und Mehl die rechte Speise.

Angereichert kann sie sein
mit Obst und einem Schlückchen Wein.

Vielen Leuten passt das nicht,
sie woll'n ein besseres Gericht.
Sie essen, was der Magen hält
und geben dafür gutes Geld.

Dazu muss auch getrunken sein,
ein großes Bier, oder auch Wein.

Das Bild zeigt ein Buffet der Bahn;
hier schert man sich kaum um Methan.

Hündisches

Im Gegensatz zu andern Tieren,
die vorwärts geh'n auf allen Vieren,
dürfen Hunde jetzt noch sein
mit ihrem Meister ganz allein.

Doch wer sie hält, der muss trainieren
und einen Hundkurs absolvieren.
Dort lernt das Tier gute Manieren,
wenn man mit ihm geht spazieren.

Der Halter lernt auch gut' Benehmen,
zum Beispiel, den Kot aufzunehmen,
ihn verpackt mit sich zu führen
und in der Box zu deponieren.[12]

---

[12] Zukünftig wird das Scheissepäckli
wohl ergänzt vom Urinsäckli.

Ohne Schulung geht dagegen
dein privater Kindersegen.
Es liegt an dir, wieviel' du willst,
und auch an dir, wie lang du stillst.

Bald ist er weg, der Babyspeck,
und dein Sprössling, frech und keck,
geht der Pubertät entgegen
und will sein eig'nes Leben pflegen.

Obwohl sie nur zwei Beine haben,
sowohl Mädchen als auch Knaben,
sind sie viel schwieriger zu führen
als so ein Hündchen beim Spazieren.

Lifestyle

Modern Times, das sagt man häufig
und meint dabei, was ist geläufig.

Maschinenzeit

Es gibt unglaublich viel Maschinen,
die verschied'nen Zwecken dienen.
Wer drucken will, der hat die Wahl
von Laser und von Tintenstrahl.

Das Gemeinsame von ihnen,
zusammen mit Kaffeemaschinen:
Sie kosten gar nicht alle Welt,
der Kaufentschluss ist schnell gefällt.

*Doch die Kapseln und Patronen
den Geldbeutel gar nicht schonen,
spielen aber viel Gewinn
zur Herstellerfirma hin.*

Diese ziehen vor Gericht
jeden andern frechen Wicht,
der sich Nachahmung erlaubt
und ihnen so Millionen klaubt.

Kaffeekapseln sind im Trend,
die Wahl ist groß, fast ohne End,
und deren ausgebrauchte Hüllen
unsre Abfallsäcke füllen.

Dasselbe gilt für Leerpatronen,
die keineswegs die Umwelt schonen.
Ein schneller Schwung zum Abfallsack,
und schon ist weg das leere Pack.

So werden wir alle abhängig,
wenn wir kaufen, was ist gängig.
Bequemlichkeit, dazu Komfort,
nehmen uns die Freiheit fort.

Ich sträube mich dagegen, Leute,
und verspreche, dass ab heute
ich wieder mache den Kaffee,
fast entsprechend wie den Tee.

Ich siede Wasser, mahle Bohnen,
und helfe so, die Umwelt schonen!
Doch hab' ich keinen Weg gesehen,
wie man den Drucker kann umgehen.

Monatsende

Sie würden gerne auswärts essen,
doch wäre das etwas vermessen,
denn Ende Monat hat es doch
im Portemonnaie ein großes Loch.

Erst wenn die Lohntüte anrückt,
stürzen sie sich ganz beglückt
in Schale, und sie schleunigst pirschen
ins noble Säli dort im „Hirschen".

Das war früher einmal so,
der Hirschen heisst heut' oft Disco,
und das Loch wird überbrückt,
indem man seine Karte zückt.

Schneemangel

In Russland hat der große Schnee
zerstört Napoleons Armee.
Der Mangel an Schnee kommt dagegen
den Skiorten höchst ungelegen.

So sprüht man Schnee auf die Skipisten,
um die Natur zu überlisten.
Bald sind es zwanzig oder mehr,
ein ganzes Schneekanonenheer.

Verärgert fragt sich der Tourist,
warum der Lift so teuer ist.

Irgendwo steckt da ein Fehler,
vermutlich wäre man doch wöhler,
man würde Neues ausprobieren,
statt Wachstumsfehler zu kopieren.

Vielleicht singt man im Skigebiet
bald das Beresinalied.

Ach, waren das noch schöne Tage,
als Schnee auch in tiefer Lage
ermunterte die Damen sehr
zum Schneeballwerfen umso mehr!

Froh lassen sie ab ihre Frust
am Schneemann, der entbehrt der Lust.
Er hat Mühe, es zu fassen
dass Frauen nicht von ihm ablassen.

„Warum plagen sie mich immer,
diese dummen Frauenzimmer?
Ich werd' mich mit dem Bengel wehren,
wenn sie mit Werfen nicht aufhören."

Erstvermietung

Wo noch vor einem halben Jahr
saftig-grüne Wiese war,
erhebt sich jetzt, statt reifem Gras,
ein Wohnblock aus Beton und Glas.

Äußerst schnell wurde armiert,
geschalt, gerichtet, betoniert,
vergipst auf der Isolation,
und dann kam der Maler schon.

Alles ist viereckig hier,
der Bau, die Fenster und die Tür.
Hell scheint die Sonne durch die Scheiben
und verleitet, hier zu bleiben.

> *Die Wohnung hell, die Stube groß,*
> *Ja, das finde ich famos!*

Der Mietzins ist zwar ziemlich hoch,
dazu kommt die Wartung, doch,
dank der neuen Minergie
spart man sehr viel Energie.

Schon am ersten Mietermorgen
wird ein Vogel tot geborgen,
weil er in die Scheibe knallt
mit beachtlicher Gewalt.

Nach zwei Wochen miefts im Keller,
er ist feucht, und immer schneller
krumpeln Schachteln, große, kleine,
denn eine Lüftung hat es keine.

> *Der Keller dunkel und auch nass,*
> *das macht mir wirklich keinen Spaß.*

Die Farbe ist schon nach vier Wochen
von den Wänden abgebrochen.

Man muss sie zusammenwischen,
am Boden und unter den Tischen.

Nach sechs Wochen werden grün
die Rückwände der Möbel in
der Stube und im Zimmer,
und der Schimmel wird stets schlimmer.

Wenn's weiter geht in diesem Stil,
eröffne ich ein Froschasyl.

Als dann, nach ungefähr acht Wochen,
die Sommerzeit ist angebrochen,
wird's in der Stube derart heiß,
dass man gebadet wird in Schweiß,

denn durch die großen Fenster brennt
die Sonne so stark, dass man rennt
halbnackt gekleidet aus dem Haus,
weil man es drinnen nicht hält aus.

Ich fühle mich wie in den Tropen,
dort trägt auch niemand einen Tschopen.

Nach zehn Wochen voll Torturen
kommen schon Reparaturen:
Der Boden wölbt sich und zerbricht,
und der Lift geht wieder nicht.

Das Wasser tropft, der Kühlschrank klopft
und der Ablauf ist verstopft.

Nach zwölf kurzen Wochen schon
greift man entnervt zum Telefon,
und schaut nach einer Wohnung aus
in einem nicht so neuen Haus.

Ich lasse mich nie wieder locken
in einen Bau, der noch nicht trocken!

Solche Bauten gibt es viele,
die Seele bleibt da aus dem Spiele.

Bögen

Überall, wo wir so gehen,
Klötze in der Landschaft stehen.
Wenn nur der Innenausbau zählt,
die Ausstrahlung des Äussern fehlt.

Die Straße wünscht sich (auch) Rundformen,
nicht nur sture Rechtecknormen.
Zum Glück kann man doch noch entdecken
Bauten mit mehr als nur Vierecken.

Der Architekt sagt ganz erschreckt:
„Ich weiß nicht, wo mein Zirkel steckt."[13]

---

[13] Rundformen brauchen Stilgefühl, Rechtecke jedoch nicht so viel:
Louis Kahn, † 1974, errichtete in den USA und in Asien u.a. viele Bauten
mit   beeindruckenden Rundformen.
Die Architekten Raphael Zuber und Mitarbeiter bauten das ansprechende
neue Schulhaus von Grono GR (2011, abgebildet).

Minergie

Da war einmal ein Architekt,
der hat die Minergie entdeckt.
Er sprach davon am Radio,
und was er sagte, tönte so: [14]

„Ich mache alle Fenster dicht,
sodass man sie kann öffnen nicht.
Der Luftaustausch ist automatisch,
Fenster öffnen problematisch."

Er traut den Hausbesitzern nicht,
ist das nicht ein frecher Wicht?

Trotz alledem, ein Ehepaar
kauft' ein Haus, das fertig war.
Doch der Strom fällt plötzlich aus,
da wird es schwierig in dem Haus,

denn ohne Elektrizität
in der Wohnung nichts mehr geht.
Die Lüftung funktioniert auch nicht,
und alle Fenster sind ja dicht.

Die Luft im Schlafraum wird sehr schwer,
der Mann meint, bald ersticke er.
So eilen sie in ihren Garten,
um auf die Stromrückkehr zu warten.

Beide stehen frierend da
im gestreiften Pyjama.

---

[14] Sendung Radio DRS, im Sommer oder Frühherbst 2012.

Zu ihrem Glück ist es nicht dunkel,
dank Mondes- und Sternengefunkel.
Sobald die Lichter wieder brennen,
schnell ins Haus zurück sie rennen.

Dann gehen sie sogleich zu Bett,
na ja, der Rest der Nacht war nett.

Am andern Morgen, recht früh schon
greifen sie zum Telefon.
Bald kommt der Schreiner in das Haus
und wechselt alle Fenster aus.

Jetzt ist wieder der Kontakt
mit der Außenwelt intakt:
Im Sommer hört man Vögel singen
und die Kirchenglocken klingen.

In der Nacht sind es die Eulen,
die auf den nahen Bäumen heulen.

Ohne Beziehung zum Umfeld
ist sie arm, die Alltagswelt.
Nur durch Isolierglas schauen
kann auf die Dauer nicht erbauen.

Der k-Wert¹⁵ allein nicht entscheidet,
ob Freude herrscht, oder man leidet. ¹⁶

PS   Off'ne Fenster sind von Nutzen,
wenn man sie will außen putzen.

---

¹⁵ k-Wert oder U-Wert = Wärmedämmwert.
¹⁶ Ich danke dem Alt-Bundesrat
  für das freudige Zitat.

Kurzbiografie

Geboren hat ihn die Mama
ein bisschen früh – schon war er da.
Sehr bald wird er abgestillt
zur Schonung von Mamas Brustbild.

Er macht noch lange in die Windeln,
Papa kauft Pampers gleich in Bündeln.
Gehorcht er nicht, der kleine Knopf,
erhält er eine Nuss am Kopf.

Die Eltern sind oft lange fort,
der Kleine lebt im Kinderhort.
Die Schule ist nicht seine Wahl,
hie und da wird sie zur Qual.

Die vierte Klasse repetiert er,
weil nicht alles hat kapiert er.
Wenn er in der Pause weilt,
er gerne Kopfnüsse austeilt.

Alkohol trinkt er mit zwölf,
gejointet hat er schon mit elf.
Er interessiert sich sehr für Mädchen,
für Gabi, Yasmin und auch Gretchen.

Er schafft sich, sobald er kann,
iPhone und Bankkarte an.
Sein Konto steht oft tief im Rot,
das bringt ihn mehrmals aus dem Lot.

Fast wär er aus der Lehr' geflogen,
weil er zu häufig hat gelogen.
Die Abschlussprüfung schafft er doch,
wenn auch auf dem letzten Loch.

Den Führerschein macht er schon früh,
doch reicht's zu einem Auto nie.
Als er erwischt wird, ziemlich high,
in Papas Auto, ist's vorbei.

Er muss das Billet lang abgeben
und sollte zu Fuß weiterleben.
Das macht er natürlich nicht
und er landet vor Gericht.

Wieder frei, arbeitet er
meistens nur noch temporär.

Die Schulden sind ihm ziemlich wurst,
lieber trinkt er übern Durst.

Seine Freundin hat ein Kind,
das auf die Welt kommt sehr geschwind.
Der Kleine wird bald abgestillt,
zur Schonung von Mamas Brustbild.

Er macht noch lange in die Windeln,
Papa kauft Pampers gleich in Bündeln ...

„Das ist ja alles unerhört!
Hab ich das nicht schon gehört?
Und das End von der Geschicht'?" –
„Das erzähl' ich lieber nicht!"

In der S-Bahn

Einst verbrachte man die Reise
lesend und sprechenderweise.
Seit Elektronik Einzug hält,
vielen das nicht mehr gefällt.

Ob ein Girl oder ein Dandy,
beide starren auf ihr Handy,
im Gesicht keine Bewegung,
sitzend ohne jede Regung.

Fleissig drücken sie die Knöpfe,
und die Augen ihrer Köpfe
schauen auf den Monitor
und suchen Meldungen hervor.

Man kann auch das Wetter fragen,
chatten, und dem Lover sagen,
wann man genau am Bahnhof ist,
damit man ihn keinesfalls misst.

Das viele Tastendrücken, freilich,
fanden viele unerfreulich;
wer heut' nicht gänzlich ist bescheuert,
sein Smartphone via Bildschirm steuert.

Der verliert gern seinen Glanz
denn er ist recht häufig ganz
von Fingerabdrücken verschmiert,
was das Gerät ja auch nicht ziert.

Man sucht die Bilder gern hervor,
die man gemacht am Tag zuvor,

schaut sie sich an zum siebten Mal
und findet toll die eig'ne Wahl.

Es wirkt geradezu autistisch
wie auf dem Elektronenfetisch
der Daumen gleitet auf und nieder,
auf und nieder, immer wieder.

Der Zug ist voll, doch er ist leer,
nur das Ego kommt daher,
Mitreisende sieht nur verschwommen,
wer vom Smartphone eingenommen.

Zum Glück kommt bald die Bahnstation
der eigenen Destination,
denn die Batterie ist leer,
Surfen, Twittern geht nicht mehr.

Zuhause, wenn man ist am Baden,
wird das Gerät sofort geladen,
sodass es wieder ist bereit
für die nächste Reisezeit.

Eine Reise ohne Phone
wär' eine Horrorsituation,
das Smartphone muss stets aktiv sein,
sonst wär' man einsam und allein.

Wer nur mit dem Handy spricht,
hat Kontakt zum Nachbarn nicht.
Die mitmenschliche Präsenz
wird ersetzt durch die Absenz.

Schulbus

Schulen werden konzentriert,
Schüler vom Dorf weggeführt,
doch ohne Pausenkindertanz
verliert das Dorf viel an Substanz.

Der Weg zur Schule, der war früher
ein ganz wichtiger Erzieher.
Wenn dieser fehlt, dann fehlt halt eben
Bedeutendes im Kinderleben.

*Das viele Schulzusammenlegen
führt uns vielleicht auf falschen Wegen.
Ob Just-in-time oder Schulbus,
die Straße alles schlucken muss.*

Alltag

Sie hatten einander sehr lieb,
was beide zum Heiraten trieb.
Sie lebten schicklich,
und waren glücklich,
bis plötzlich sich nahte ein Dieb.

Der Dieb ist nicht aus auf Juwelen,
er will überhaupt gar nichts stehlen,
außer ihr Herz.
Den großen Schmerz
kann der Ehemann nicht verhehlen.

Jetzt gibt's ein Gerichtsverfahren
von zwei bis drei mühsamen Jahren.
Sie hat einen andern,
er ist am Wandern,
doch stets liegt man sich in den Haaren.

Sie müssen ihr Haus bald verkaufen,
ständig zu Anwälten laufen,
bis das Gericht
das Urteil spricht.
Der Mann fängt aus Frust an zu saufen.

Beide sind nun ziemlich arm,
die Kinder noch mehr, Gott erbarm!
Das alte Glück
kehrt kaum zurück
ins Leben mit Harm statt mit Charme.

*Nur Wenige, die's überwunden,
haben echtes Glück gefunden.*

Der vergnügte Säugling

Auch wenn er zuerst ist entsetzt,
dass man ihn vollständig netzt,
der Kleine es schnell einmal schätzt,
wenn man in das Bad ihn setzt.

Es lächelt der Säugling beim Baden,
strampelt mit seinen zwei Waden,
sehr vergnügt niest er,
das Baden genießt er
und ist nicht mit Sorgen beladen.

Er weiß nicht, dass seine Mama
bedrückt ist, weil der Papa
ist abgehauen
mit andern Frauen
und lässt ihn mit Mama allein da.

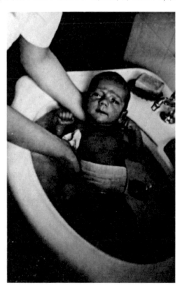

Nach dieser harten Zeitkritik
folgt jetzt doch noch ein Lichtblick.

Zahlen
(ein Lied für Buchhalter und Statistiker)

Zahlen, Zahlen, Zahlen, Zahlen,
braucht man nicht nur bei den Wahlen.
Wir finden sie fast überall,
im Büro, Haus, in Hof und Stall.

Alles wird quantifiziert,
und man glaubt dabei borniert,
dass es stimmt, wenn wir addieren,
was Zahlenreihen offerieren.

Wenn Vögel fliegen, Blumen blühen,
sie sich um Zahlen nicht bemühen,
sogar, wenn man analysiert,
was beim Vogelflug passiert.

Was wichtig ist in unserm Leben,
lässt sich mit Zahlen nicht erheben.
Zahlenfrei ist unsre Liebe,
fern vom Quantitätsgetriebe.

72

Lokales

Ob im Osten oder Westen,
auch Kantone haben Bresten.

Das Epos von Domat/Ems

Mitten im zweiten Weltkrieg,
lang vor dem Alliiertensieg,
wurde bei uns knapp Benzin,
welches reichte nirgends hin.

Mit einem gewissen Stolz
stellt' das Emser Werk aus Holz
einen Treibstoffzusatz her,
der damals war willkommen sehr.[17]

*Leider litt der nahe Wald
an Rauchgasschäden schon recht bald.*

---

[17] Die damalige *Holzverzuckerungs AG* in Domat/Ems stellte aus Holz
Methylalkohol her, mit dem das Benzin gestreckt wurde. Das Gemisch
wurde *Emser Wasser* genannt. Das Bild zeigt das Lager des heutigen
Holzkraftwerkes am gleichen Standort.

Als der Krieg dann war vorbei,
wurden Kapazitäten frei.
Niemand brauchte mehr Methyl,
Neuprodukte war das Ziel.

Nach gut schweizerischer Art
fordert' man zum neuen Start
vom Staat hohe Subventionen
in der Höhe von Millionen.

Lieber Papa, ich verlumpe,
bitte sofort Geld mir pumpe.

Doch das Schweizer Volk, das blöde,
fand, das sei dummes Gerede,
und in einem Urnengang
verwarf es diesen Bettelgang.

Nach recht lautem Lamentieren
begann man in Ems zu studieren,
wie man ohne Geld vom Staat
vorwärts drehen kann das Rad.

Schau vorwärts, Werner, nicht zurück,
steht schon in einem alten Stück.

Mittels Kunststoffproduktionen
fing der Betrieb an, sich zu lohnen.
Bald wurde diversifiziert,
und heute ist man gut platziert.

Das Volk war halt doch nicht so blöd,
als es sagte: "Doch, es geht,
wenn ihr nur selbst ein wenig denkt
und euer Schicksal selber lenkt."

Die Alten freuen sich noch alle,
dass sie nicht tappten in die Falle.

Fast siebzig Jahre sind vergangen,
als ein neues Unterfangen
bat Gemeinde und Kanton
um eine Vorschuss-Subvention.

Ein Sägewerk, ein riesiges,
für Holz, vornehmlich hiesiges,
entstand auf einem freien Feld,
unterstützt von Steuergeld.

Mein Gott, das Werk ist aber groß,
woher holt ihr das Holz denn bloß?

Man baute sogar neue Gleise,
um auf umweltgute Weise
Holz per Bahn zu transportieren
mit dem Ziel, zu optimieren.

Doch die Sache klappte nicht,
und die Säge machte dicht.
Man hatte sich verspekuliert,
zu großzügig angerührt.

Es gab viel zu wenig Holz,
was dämpfte stark den Anfangsstolz.

Das einzige, wo man noch sägt,
sind Hosen, die der Kanton trägt,
und das Betreibungsamt rotiert,
wenn es den Verlust notiert.

Mag sein, dass die roten Zahlen
beeinflussen die nächsten Wahlen.

Es bleiben auch die Bauruinen
- niemand weiß, wozu sie dienen -
auf dem übergroßen Feld,
das von Beton ist entstellt.

Die Bäume wachsen nicht zum Himmel
und der Riesensägefimmel
endet in Kakophonie,
jeder seufzt: „Ach, hätt ich nie …!"

In diesem äußerst schiefen Licht
ist die Moral von der Geschicht:

Die große Jagd nach Subventionen
muss sich gar nicht immer lohnen,
denn, gepaart mit Größenwahn,
führt sie auf die schiefe Bahn.

Der Kanton, der mag es schlucken,
doch Emser müssen sich jetzt ducken,
statt dem geplanten Überschuss,
gibt's ein Defizit zum Schluss.[18]

---

[18] 2012 zeigte sich ein Hoffnungsschimmer, dass der Sägereibetrieb in reduziertem Umfang weitergeführt werden kann - vielleicht.

Man hat nichts gelernt daraus
und schaut nach Olympia aus.

Mit stillem Lächeln sagt der Weise:
„Da helfen auch nicht neue Gleise."

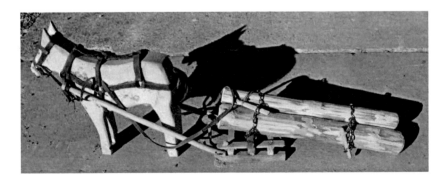

Olympia

Die olympischen Winterspiele,
die hätten gerne ach so viele,
Graubünden auch,
denn hier ist Brauch
zu stecken sich zu hohe Ziele.

Das Olympia-Getriebe
ist ein riesiges Geschiebe
von Finanzen,
die im Ganzen
dem Sport entziehen jede Liebe.

*Sportfans werden eingespannt
von geschäftsbefliss'ner Hand.*

Das soziale Basel

Basel eins und Basel zwei,
wie man's nennt, ist einerlei.
Jedenfalls hilft es dazu,
zu schaden einem KMU. [19]

Ich möchte ja so gerne bleiben,
doch die Planer mich vertreiben.

Viele davon gehen unter,
einige, die ziehen munter
weg von unserem Kanton,
was schert das die Regierung schon?

Die allzu hohen neuen Mieten
mir das Leben hier verbieten.

Hauptsache ist doch, dass der Plan
wird eingehalten, und erst dann,
nach ein paar Jahren und danach,
trauert man dem Wegzug nach.

Ich bin froh, dass ich bin fort
von diesem Bürokratenhort.

Basel ist nur ein Beispiel,
von diesen gibt es noch recht viel,
wo man singt das gleiche Lied:
Das Handwerk stets den Kürz'ren zieht.

Die Kleinen möchten auch da sein,
nicht nur Reiche, piek und fein.

---

[19] KMU: Kleine und mittlere Unternehmungen.

Stadtentwicklung ja in Ehren,
doch muss man sich dagegen wehren,
dass *groß und teuer* nur entscheidet,
und *klein und fein* darunter leidet.

Das Voltaquartier, speziell West,
ist ein teures Prestigenest.

Damit schließen wir die Runde.
Ich wollt', ich hätte bess're Kunde!

PS   Etwas leer sieht es schon aus,
das reichlich verglaste Haus![20]

---

[20] Aufnahme Oktober 2012.

Fremdgänger

Am Samstag in der prallen Sonne
fahren Schweizer in Kolonne
voll Erwartung und Kauffreude,
vorbei am leeren Zollgebäude,
hinüber in den Nachbarstaat,
der günstigere Waren hat.

Weiße Würste, Truten, Schinken
aus den Glasvitrinen blinken,
Wein und Brot, Honig von Bienchen,
Salatköpfe, Käse, Hühnchen,
Küchenmöbel, Fahrradpumpen,
Putzmaterial, Geschirrwaschlumpen,

Alles ist viel billiger
und man ist deshalb williger,
zu füllen seinen Kofferraum,
denn Zollkontrollen gibt es kaum.
Ladenbesitzer in der Schweiz
finden das ganz ohne Reiz.

Im leeren Laden sie jetzt stehen
und einsam ihre Daumen drehen.

PS   Für Basler ohne eig'nen Wagen
baut man jetzt, in unsern Tagen,
ein Tramgeleis' nach Weil am Rhein.
Die Autolosen wird es freu'n,
sie können, ohne Straßenrummel,
fahren zu dem Einkaufsbummel.

Ausklang

Jetzt sind wir wieder sorgenfrei,
denn die Predigt ist vorbei.

Ob sie sitzt und ob sie nützt,
ob man sich darauf abstützt,
oder, ob man will weitergehen
als wäre einfach nichts geschehen –

das liegt im eigenen Erwägen,
denn das geht mit auf allen Wegen.
Der Autor zieht sich jetzt zurück
und wünscht den Lesern recht viel Glück!

Bildnachweis

Moderne Kunst in Meister-Holzschnitten, XII. Band, Berlin W.,
wahrscheinlich vor 1900.
Titelbild, Seiten 6, 12, 20, 21, 29, 34, 42, 48, 49, 50, 54, 56, 57, 65, 66, 83.

Aufnahmen des Verfassers
Seiten 16, 23, 24, 25, 39, 44, 46, 47, 52, 53, 60, 61, 71, 74, 76, 78, 79, 81.

Das Buch der Welt 1846, Verlag Carl Hoffmann Stuttgart. - Seiten 8, 14, 19.

Bilder zum Anschauungsunterricht für die Jugend, Esslingen 1877. - Seite 9.

Auerbach's Deutscher Kinder-Kalender 1921, Leipzig 1920. – Seite 11.

Tausend und ein Schweizer Bild, Genf 1926. - Seite 15.

Auerbach's Kinder-Kalender 1916, Ausgabe für die Schweiz, Adolf Bürdeke
Zürich.- Seite 18.

J. Staub's Bilderwerk, Heft 1, Verlag Hindermann & Siebenmann, Zürich ca.1850.
Seiten 26, 63, 69.

Schweizerischer Robinson, hg. J.R. Wyss, Orell Füssli, ca. 1900.
Seiten 32, 33, 41.

Die Schweizerische Grenzbesetzung 1914, Frobenius AG Basel 1914.
Seiten 36, 40.

SBB-Fibeln, Heft 2, Unsere Bahnhöfe, Orell Füssli Zürich 1946. - Seite 35.

SBB-Fibeln, Heft 1, Unsere Lokomotiven, Orell Füssli Zürich 1945. - Seite 37.

Flims, Kurortprospekt, kurz nach 1919. - Seite 55.

Aquarell von Hans Götz †, Basel. - Seite 72.

Vom gleichen Autor:

Beflügelt durch Basel, Geschichten und Bauten.
Eine Hommage an den Basler Architekten Heinrich Flügel,
mit handlichem Stadtführer.
Ein vielseitiges Buch mit kurzweiligen Rundgängen!
Ohne Heinrich Flügel sähe der Marktplatz in Basel heute ganz anders
aus …
Format A4, 216 Seiten, reich illustriert, Fr. 64.50.

Der unbekannt **Gian Casty** (1914 – 1979), sein erstes Glasbild, sein
Clown und einige bisher wenig bekannte, spannende Bilder.
Das Bändchen zeigt mit vielen unveröffentlichen Bildern die existen-
tiellen Hintergründe zu Gian Castys farbenfrohen Werken auf. –
Format A5, 50 Seiten, Fr. 19.80.

Abzockerpoesie. Das Bändchen führt die Gedanken des jungen Gian
Castys weiter und konfrontiert den Leser mit einer erstaunlichen
Vielfalt von Abzockerei.
Format A5, 54 Seiten, illustriert, Fr. 15.-

In Vorbereitung: **Herr Meier**, eine moderne Moritat.
Gesungen wird von Freud und Not,
von Liebe, Untreue und Tod.
Erscheint 2013.

Eine unglückliche Verkettung hat dazu geführt, dass in *Gereimtes Ungereimtes* einiges „Ungereimte" in Druck ging.

Autor und Editor entschuldigen sich und bitten um Nachsicht! Am Inhalt ändert sich nichts.   6. März 2013

Layout
Verschiebungen gegenüber dem Manuskript auf Seiten 9, 25, 44.

Orthografie
p. 12, Zeile 3: zu**m** Beispiel

Rhythmische Stolpersteine
p. 19, Zeile 6:   *zum Beispiel* statt *beispielsweise*
p. 20, Zeile 8:   *auch* statt *oder*

p. 32, 2. Zeile unter Bild: *die meinen* statt *unterstellend*
(die vier Fünfzeiler sollten als Limericks gelesen werden.)

p. 37, Zeile 7:   *hat man* statt *wurde*

p. 45 oben: *Ist's nicht gegen die Natur,*
                  dass künstlich wird besamet nur
                  und man verzichtet auf den Stier, ...

p. 59, Zeile 5:   *in jedem Zimmer* statt *im Zimmer*

p. 74 oben: *Damals, während dem Weltkrieg,*
                  lang vor dem Alliiertensieg,
                  wurde sehr knapp das Benzin ...

                  Mit Einsatz *und auch mit* Stolz
                  stellte man in Ems aus Holz ...

p. 75 oben: *Als der Krieg dann war vorbei*
                  und Europa wieder frei,
                  brauchte niemand mehr Methyl ...

p. 75, viertletzte Zeile: *nur* streichen